배창환시집

국립중앙도서관 출판예정도서목록(CIP)
화양연화 / 지은이: 임창연. -- 창원 :
창연출판사, 2016 p. ; cm
ISBN 979-11-86871-07-2 03810 : ₩10000 한국 현대시[韓國現代詩]
811.7-KDC6
895.715-DDC23   CIP2016009210

화양연화

초판인쇄 2016년 4월 23일
초판발행 2016년 4월 30일

지 은 이 | 임창연
펴 낸 이 | 이소정
펴 낸 곳 | 창연출판사
주   소 | 경남 창원시 의창구 읍성로 39
출판등록 | 2013년 11월 26일 제 2013-000029 호
전   화 | (055) 296-2030
팩   스 | (055) 246-2030
E-mail | 7calltaxi@hanmail.net

값 10,000원
IISBN 979-11-86871-07-2 03810

ⓒ 임창연, 2016

* 저자와 협의하여 인지를 생략합니다.
* 이 책의 판권은 저자와 창연에 있습니다.
  양측의 서면 동의 없이 무단 전재나 복제를 금합니다.
* 잘못된 책은 바꾸어 드립니다.

화양연화

임창연 디카시집

창연

차례

자서 / 9

1부_ 봄

몸살	13
비밀	14
봄	16
봄맛	18
폐사지	20
긴장	22
그리움이 피다	24
봄단장	25
찰나	26
탈속	28
빈 드럼통	30
공부중	31
벚꽃빵	32
얼룩말	33
명자 이야기	34
지독한 내통	36
봄날	38
꽃놀이	40

2부_ 화양연화

나비　　　　　　43
화양연화　　　　44
침묵의 여름　　　46
등대　　　　　　48
흔적　　　　　　49
우주의 시작　　　50
가로수　　　　　52
마음의 열쇠　　　53
바다　　　　　　54
가을의 선물　　　55
화양연화2　　　 56
가을을 담다　　　58
꽃 아궁이　　　　60
꽃잎 깨어나다　　62
은행나무 알을 낳다　64
단두대　　　　　66
화양연화를 열다　67
화장지　　　　　68

3부_ 저물 무렵

비 오는 날	71
저물 무렵	72
전설	74
꽃 잔	76
피해자	77
별꽃	78
꽃잎의 그늘	80
기다림	82
삶	84
꽃비는 내리고	86
가을	88
가족사진	89
꽃비늘	90
열쇠	92
로봇팔	93
가을 생각	94

4부_ 백악기 동화

패총	97
수사중	98
백악기 동화	100
그림자	102
글씨교본	104
인사동	106
마음을 열다	108
인생	110
솟대	111
책	112
시간의 힘	113
죄	114
걸리버 여행기	115
꽃소식	116

디카시의 정본, 텍스트적 의미 / 이상옥 시인   117
시인의 말 / 임창연 시인   128

자서

봄을 먹는다

문장은 닿을 끝이 없어
아무리 써내어도
길이 멀다

또 다시 봄을 먹지만
늘 덜 여문채로 넘어간다

디카시집을 묶었다
누구에겐가는 잠시라도
기쁨의 시간이리라 믿는다

2016. 4. 임창연

제1부
봄

몸살

꽃사과는 퉁퉁 붇은 젖가슴을
꿀벌들에게 내민다
젖비린내 대신 향긋한 향기가
화단을 가득 적신다

비밀

빛에게
그늘은

언제나 난청지역

봄

아무도
멈추지
못하는,

일방통행

봄맛

자전거가 꽃잠이 들자

산수유는 입술을 열어
시간을 먹습니다

폐사지

영암사지 쌍사자석등 만나고
포장마차 국수를 기다리는데
거꾸로여덟팔나비 분홍빛 꽃 위에 앉고

잠시 꽃잠에 들었는데
어디선가 가릉빈가 소리 들린 듯하다

* 폐사지인 영암사지에는 가릉빈가문의 부조가 있습니다.

긴장

커다란 나비 한 마리
날개를 쉬고 있는 작은 나비를
노리고 있다

그 사이
긴장이 홀로 날고 있다

그리움이 피다

지난해처럼
봄이 다시 오고
벚꽃도 피었습니다

해묵은 그리움도
마음에서 꽃을 피울 것 같습니다

봄단장

명자꽃 봄을 따서
제 얼굴을 화장하고

그렇게 봄은 깊어지고 있다

찰나

바람에 잠시 마음이 흔들리자
햇살은 순간을 놓치지 않았다

물이 지문을 채취 당한 건
눈 깜짝할 사이였다

탈속

머리에 지붕 하나씩 얹고
가파른 계단 오른다

속세의 마음 가득하여 무게가 더하다

풍경 아래까지 닿으면
나비처럼 가볍게 날을 수 있겠다

빈 드럼통

가만히 있으면 묵직해 보인다

가득차면 넘쳐난다
따뜻한 말도 되고
악다구니가 되기도 한다

소란할 바엔 침묵도 미덕이다

공부중

서당개도 삼 년이면 풍월을 읊는다는데

벽을 타고 내려온 담쟁이가
글씨를 읽는다

바람에 흔들리면서도
글자를 놓치지 않는다

벚꽃빵

건너편 빵집에 불이 환하다

부지런한 주인은
벚꽃잎을 밀가루에 넣었는지
빵냄새에 꽃향기가 가득하다

며칠 동안 벚꽃들의 열병식을 받겠다

얼룩말

세렝게티 초원에 살던
얼룩말 한 마리
도시의 길가에서 젖고 있다

울음소리 빗물에
조금씩 지워지고 있다

명자 이야기

다들 벚꽃년에게 넋들이 나가
고개를 쳐들고 다니며
카메라를 들이미는 봄날

명자는 그늘진 화단 한편에서
다홍치마를 스르르 풀고 있었다

지독한 내통

풀의 허리가 잘렸다
숨겨졌던 수액의 길이 쏟아졌다

어떤 내통이었는지
무덤까지 액향에 젖고 있었다

봄날

햇살만 발라 먹어도
배부를 것 같은 정오

식당으로 향하는 자전거에
함께 실려 가는 봄빛

꽃놀이

꿀벌들 잉잉대며 투정 부리자
벚나무 가슴을 열어 젖을 물린다

바람이 민망한지
툭툭 치며 초점 흐리고 있다

제2부
화양연화

나비

삼색제비꽃에 나비 한 마리
날개를 접고 쉰다
무슨 생각 저리 골똘할까

출근길에 마주친
꽃잎나비 한 마리

화양연화

하수구 아래 자리 잡았어도
꽃빛깔은 달라지지 않았구나

베르사이유 정원이나
하수종말 처리장 옆이나
피고 지는 시간은 공평한 것을

침묵의 여름

며칠 전 제초제를 뿌렸는데

풀들은 그대로 말랐고
풀벌레 소리는 끊겼다

침묵의 여름이다

머잖아 침묵의 봄*도 오려나

* 레이첼 카슨이 쓴 책의 제목

등대

아무리 어두워도
그대만 바라보면
길을 잃지 않습니다

꺼지지 않는 불빛이
나의 눈도 늘 깨어있게 합니다

흔적

이념의 문장들이
바람에 밀려 떠나고

알몸을 가려주는 옷의 광고
마음을 쓰다듬던 연극 포스터

달아난 저 빈 자리

우주의 시작

비 한 방울에 우주의 일부가 묻어있고
벚꽃잎 한 장에도 우주의 한 조각이 담겨서
팽팽하게 힘을 버티고 있는 중이다

이것을 바라보는 그대는 우주의 전부이다
그대가 살고 죽는 건 우주의 시작이고 끝이다

가로수

제일 아래쪽이 아름다운 건
낮아지라는 말이다

엎드려 본 사람만이
겸손이 미덕임을 안다

마음의 열쇠

셔터를 내리고 자물쇠를 채웠다면
열 사람은 열쇠를 가진 당신이다

세상 모든 사람이 당신의 마음에
상처를 주었어도
마음을 열고 닫는 건 당신의 몫이다

바다

비 그친 후
하늘

온 세상 악다구니 받아들이고도
얼굴빛 변하지 않는
저 깊이

가을의 선물

느티나무 아래에서

태양이 잘 구워 익혀놓은
가을 한 조각을
보내 드립니다

화양연화2

가장 화려한 순간
낮아짐을 생각하고

사랑도 절정일 때
이별은 피어났고

꽃잎은 이제 깊은 잠이 들었고

가을을 담다

가을이 깊어가자
휴대폰이 가을을 잡았습니다

낙엽이 뭐라고 말을 했지만
하늘과 대화중입니다

꽃 아궁이

어머니가 날마다 밥을 하시던 아궁이
쌀밥처럼 꽃이 한 아름 피었다

하늘에서 자식들 끼니 걱정에
꽃을 피워 안부를 묻고 계시다

꽃잎 깨어나다

바람에 흔들리던 기억
물 위에 눕힌다

햇살이 몸을 만지자
하늘인 듯 눈을 뜬다

은행나무 알을 낳다

가을이 되자
은행나무가 발밑에 둥지를 틀었다

허공에서 알을 낳아
대지의 품안에 내려놓았다

단두대

횟집 한편 벽에 도마가
기대고 있다

온 몸에 칼자국 선명하다

바람이 무수히 지나도
피 비린내 지워지지 않는다

화양연화를 열다

돌아보면 가장 아픈 시간이
가장 행복했던 시간이다

늘 맑은 날은 없었듯이
비는 언제나 내렸고

살아있는 이 순간이 행복이다

화장지

휴지가 제일 잘 먹는 건 물이다
그는 인도네시아 자바섬 열대림에서
물을 마시던 기억을 아는 것이다

화장실에서 나무의 생각을
만지작거려 본다

제3부
저물 무렵

비 오는 날

이슬비 내리자
금목서 향기는 잔잔하다

비가 내리면
그대 생각은 더 난다

저물 무렵

활새가
현을 긋고
지나자

가슴을 베인 하늘

전설

상족암 위에서 바다를
바라보는 원시인

시간의 지층 얼굴에 주름지고
초록빛 새살도 돋지만

기다림은 끝내 돌로 남았다

꽃 잔

그대 꽃잎 한 장으로 피었습니다

물 위에 비친 달그림자 피고 지듯이
꽃 잔 물 위에
그대가 피었습니다

피해자

원하지 않은 망치질에
뼛속까지 아픈데

망치질 한 사람은
아픔을 모른다

별꽃

자전거는 며칠째 일어날 줄 모르고
꽃들은 키가 더 자랐다

하늘에 닿기 전에
자전거 주인이 돌아왔으면 좋겠다

오늘 밤에는 별이 몇 개 더 돋아나겠다

꽃잎의 그늘

햇살과 따스이 잘 놀았으니
바람과도 건들거리며 흔들렸으니

이제 산당화 아래 꽃잠을 들겠으니

기다림

나라고 생각이 없는 건 아니지
바깥세상이 늘 궁금하고
맛있는 냄새에는 코를 발름거리지

당신은 그런 적 없나
누군가를 목 빠지게 기다렸던 시간

삶

사는 것과 죽는 건
시간의 자리를 바꾸는 일

평행의 시간을 함께 가다
낮은 길로 내려가는 것이다

꽃비는 내리고

꽃의 요정들이 바위 위에
고운 옷들을 벗어놓고 어디로 갔나

비에 젖어서
붉은 빛깔이 더 환한데

우산을 놓고 갈까 생각중이다

가을

가을이 익고 있다

눈길이 가을을 핥자

눈에는 눈물이 고인다

가족사진

별빛네 가족 담벼락에 모여 사진 찍는다

바람이 슬쩍 불어서
막내가 눈을 감았다

자 다시 한 번 찍습니다

꽃비늘

바람의 칼날에 벗겨진 꽃비늘들
잔디 위에 흩어져 있다

비린내 대신 꽃향기가 진동한다

열쇠

열쇠가 떨어져 있다

주인을 잃어 노숙중이다

사랑도 길을 잃으면
사람의 마음에 들어갈 수가 없다

로봇팔

버튼 하나로 무거운 공구를 잡아
정확하게 쇠를 정교하게 깎아낸다

빠르고 효율적이지만 감정이 없다

그래도 당신 팔은 나를 안아 줄 수 있어
참 감사하다

가을 생각

씀바귀 피고 진 자리
쑥부쟁이 피었다

그대 피고 진 자리
다시 그대가 피었는데

제4부
백악기 동화

패총

몸이
쫓겨난

빈집들

수사중

바람이 은행을 털고
미처 챙기지 못한
지폐가 길가에 수북하다

지금은 햇살이 수사중
차량은 주차금지

백악기 동화

책들이 젖지 않으려
책장을 조금씩 높인다

비바람 내리치면
공룡 울음소리
서고 안을 가득 채운다

그림자

빛은 막히면 그림자를 남긴다
그림자는 사물의 또 다른 표현

마음은 감추고 말을 안 하면 되지만
사람의 육체를 감출 수는 없다

지금 나는 당신의 그림자가 보고 싶다

글씨교본

저 빈칸에는 무엇을 적어야 할까

살, 살자, 그래 살아야지
이, 이놈, 그래 이놈이

밤새 술꾼들이 떠난 선술집 유리창
글씨들이 입씨름 중이다

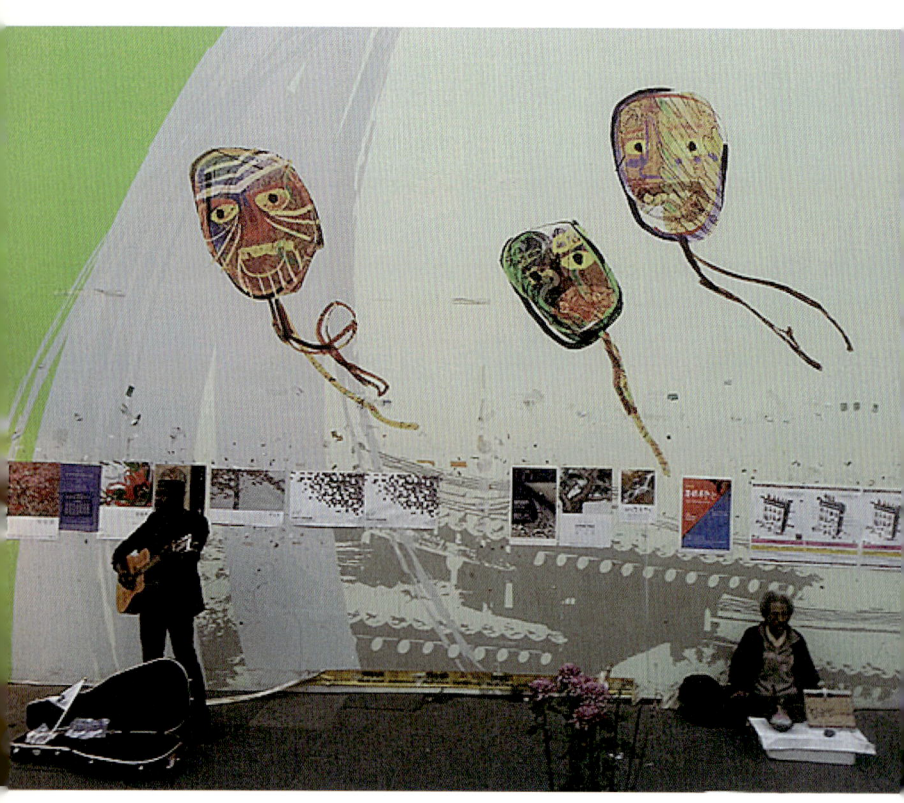

인사동

이국땅에서 연주를 한다

영혼을 보여주며
지나가는 사람 호주머니를 연다

인사동에 걸린 그림보다
악사 앞에서 사람들은 더 오래 머물고 있다

마음을 열다

풍경을 바라본다는 것은
마음을 열고 있다는 것

유리가 투명한 까닭은 숨길 것이 없다는 것

창밖으로 보이는 풍경이 아름다운 까닭은
나와 자연이 서로의 마음을 열었다는 것

인생

풀도 마르고
꽃도 시듭니다

당신의 이름만이
씨앗처럼 남습니다

솟대

그대 멀리서도 길 잃지 말라고
솟대를 올립니다

그대 안녕하라고
나도 안녕하다고
마음을 깎아서 높이 세웁니다

책

제본되어 잘려나간 휴지함의 폐지 조각들

한때는 초록빛 나무를 온 몸으로 키워내던
단단한 몸통이었다

수 천 권의 책을 남기고
아름다운 화장을 한 채 장례를 기다린다

시간의 힘

무거운 쇳덩이를 드는 건
크레인이 아니라
시간이다

죄

이 그림자는 태어나는 순간 함께 자랐고
죽는 날까지 떠나지 않을 것이다

그늘에 숨으면 없는 듯 시치미 떼지만
빛 앞에는 더 선명하다

걸리버 여행기

거인이 먹다 버린 빵 조각

소인국 잔치가 벌어졌습니다

꽃소식

철쭉의 붉은 마음이
지나치던 자동차를 끌어당겼다

꽃잎이 지고나면 이 생에서는
다시는 만나지 못할 불안함

그대에게도 이 마음을 꼭 전하고 싶었다

〈작품 해설〉

디카시의 정본, 텍스트적 의미

−임창연 디카시집 『화양연화』에 부쳐

이상옥 (시인, 중국 정주경공업대학교 교수)

1. SNS 시대 시인의 포즈

   임창연 시인은 1978년 학생중앙문단에 박두진 시인에게 「하늘」, 「별」로 2회 추천을 받았고, 2002년 『좋은 생각』에 디지털 사진전, 2007년 조선일보 사이버신춘문예 디카에세이, 2012 고성공룡세계엑스포 디카시 공모전에 각각 입상했으며, 계간 『시선』으로 등단했다.
   이런 이력으로 보아도 알 수 있듯, 임창연은 학생 시절부터 시를 써 왔고, 사진에도 남다른 재능을 보이는 그야말로 예술가적 시인의 포즈를 보인다. 학창시절부터 시작을 꾸준히 해온 결실로, 근자에 시집 『한 외로움 다가와 마음을 흔들면』, 『사랑은 시보다 아름답다』, 『아주 특별한 선물』을 상재했으며 사진묵상집 『사랑은 언제나』도 출간하여 그가 단순한 문자시만 쓰는 기존의 시인 개념을 넘어 전방위 예술가적인 면모를 보여 주목을 끈다.

임창연 시인은 창원 지역에서 창연출판사 대표를 맡고 있기도 하다. 지역출판사가 출판한 책은 전국 유통망이 없기 때문에 책이 배포가 되지 않아 애로가 많은데, 신생 출판사인 창연은 자체적으로 전국 유통망을 확보하며 매우 공격적으로 영업한다. 그 결과, 창연출판사에서 출간하는 책들이 전국서점에 깔리는 것은 물론이고 인터넷 서점에서도 인기를 끈다. 창원 지역이 광역시 수준이지만, 창원 지역 출판사가 전국 유통망을 확보하고 있는 경우는 드문 케이스이고 보면, 창연출판사 대표인 임창연 시인의 역량이 사뭇 돋보인다.
  최근에는 가수 온새미가 싱글 2집 '꽃꿈'을 발표하고 본격적인 활동에 나선 가운데, 이번 곡이 싱글 1집과는 달리 애절한 보컬로 새로운 분위기와 깊은 감성을 느낄 수 있는 곡이라는 평가를 받아 화제를 모았는데, 가수 온새미가 임창연 시인의 시를 가사로 활용했다고 한다.
  한편 임창연 시인은 디카시연구소에서 주최하는 '디카시가 있는 인문학 이야기'에서 '현대인과 스마트폰'이라는 테마로 특강도 할 만큼 뉴 미디어 시대 새로운 소통 방식에 정통해 있기도 하다.
  매체 변화에 따라 예술과 문학의 양식도 달라지며 예술가의 역할도 역시 달라진다. SNS로 소통하는 디지털 매체 시대의 시인은 문자 매체 시대의 시인과는 역시 다른 포즈를 보여야 할 것이다.
  위의 사례를 통해서도 알 수 있듯, 임창연 시인은 시가 어떻게 새롭게 독자와 만날 것인지, 아는 SNS 시대 시인의 포즈를 보인다.

2. 영상과 문자의 제3 텍스트

 2004년 내가 디카시라는 신조어로 인터넷 서재에 연재를 하고, 디카시집 『고성 가도 固城 街道』를 출간하며, 디카시 마니아라는 카페를 개설하고, 한창 디카시 운동을 펼칠 무렵에는 지금처럼 대중들의 관심을 끌지도 못하여 미래가 불투명했다. 그럼에도 불구하고, 디카시의 가능성에 공감하며 동참했던 초기 멤버로 지금까지 변함없이 디카시 운동 중심부에 있는 이 중 한 분이 임창연 시인이다.

 디카시는 지금 스마트폰을 활용하여 SNS로 소통하며 순간 포착 순간 소통의 아이덴티를 확보하고 있는 편이지만, 디카시 운동 초창기에는 지금처럼 디지털 환경도 구축되지 못해서, 디카시의 아이덴티를 드러내는 게 쉽지 않았다.

 당시 디카시가 기존의 문자시에 어울리는 사진을 조합하는 포토포엠과 잘 구별이 되지 않을 때였는데, 임창연 시인은 내가 주창하는 디카시를 잘 이해하고 디카시의 모범이 될 만한 작품들을 카페 디카시마니아에 다수 올렸다.

아무도
멈추지
못하는

일방통행

―「봄」

초창기 디카시에서 주목을 하였던 것이 이 작품이다. 화사하게 핀 벚꽃 속으로 들어온 '일방통행'이라는 표지판이 벚꽃이 표상하는 봄의 속성을 선명하게 드러낸다. 시인은 벚꽃과 일방통행 표지판이 표식하는 강렬한 메시지를 읽고 에이전트가 되어 봄은 아무도 멈추지 못하는 일방통행임을 언표화했다.

봄은 일방통행으로, 이걸 멈출 수 있게 하는 것은 불가능하다. 표지판이 지시하듯이 결코 뒤돌아올 수 없는 봄, 그래서 더 귀하고 대단하다. 여기서 봄은 물론 계절로서의 봄을 넘어서는 상징이다. 벚꽃의 순간의 화사한 개화와 순간 조락의 짧은 속성 또한 봄의 상징성을 더욱 강화한다. 가장 소중하고, 아름답고 귀한 것임에도 순간적으로 지나가버리는 것, 봄의 상징성은 무엇일까. 통속적으로 청춘의 봄이라고도 할 수 있겠으나, 이 디카시의 봄은 그것을 넘어선다. 벚꽃이 환기하듯이, 존재의 가장 아름다운 시절이 봄이라면, 그것은 너무나 짧은 순간에 끝난다. 지상에서의 생명 자체가 봄이라고 봐도 좋겠다. 영겁의 세월에 비하면 목숨은 봄날의 한때, 한 순간에 불과한 것이다. 이렇듯 읽는 관점에 따라 봄은 다른 상징으로 드러난다.

디카시는 시인이 포착한 디카영상과 문자로 구성된다. 여기서 디카영상은 시인이 자연이나 사물에서 포착한 시적 형상이다. 자연이나 사물이 스스로의 상상력으로 시적 형상을 드러내고 있을 때 그것을 날시(raw poem)라 하고, 그것을 디카로 포착하고 다시 문자로 옮겨 디카시가 완성되는 것일진대, 여기서 디카영상은 사진작가의 그것과 달라야 하며, 문자 또한 문자시와 달라야 진정한 디카시가 되는 것이다.

위의 디카시에서 디카영상이 사진작가의 그것과 다른 측면이 무엇인지, 규명해 볼 수 있을 것이다. 이 디카영상은 벚꽃이 활짝 핀 봄날에 벚꽃과 일방통행이라는 표지가 어우러져 있는 부분을 클로즈업하여 디카로 포착한 것인데, 이것은 시적 형상으로 드러난 것으로 사진예술과는 다른 국면이다. 이 디카사진 자체만으로는 사진예술이라고 보기는 힘들다. 이 디카영상은 언술과 만나야 제값을 한다. "아무도/ 멈추지/ 못하는// 일방통행"이라는 짧은 언술 또한 이 자체로서는 문자시로서 별 의미를 지니지 못한다. 그러나 영상과 문자가 만날 때 제3의 텍스트가 되어 생명성을 지니는 것이 바로 디카시의 미학이다.

3. 디카시의 아이덴티

근자에 최광임 시인이 머니투데이에 디카시를 연재하여 큰 반향을 일으키고 있다. 유수의 시인들의 디카시를 소개함으로써 디카시가 결코 아마추어 동호인의 단순한 시 놀이가 아님을 잘 보여준다.

그러나 아직도 디카시에 대해 오해하는 시인이나 독자들이 많다. 앞서 지적한 바대로 이미 쓰여진 문자시에 잘 어울리는 사진을 붙인 포토포엠 정도로 생각하거나 아니면 사진을 소재로 쓴 시 정도로 생각하기도 한다. 거듭 말하지만 디카시는 포토포엠도 아니고, 사진시도 아니다. 인쇄매체 시대 시가 언어예술이라는 관점의 문자시 카테고리를 넘어 멀티언어예술로서 시의 언어 카테고리를 확장한 것이다. 디카시는 자연이나 사물에서 시적 감흥(날시)을 일으키는 형상을 스마트폰으로 포착하고 그것이 전하는 메시지를 다시 문자로 재현하여, '영상+문자(5행 이내)'가 동일한 지분으로 어우러져 완성된 하나의 텍스트가 된 것이다.

  여기서 주목해야 할 것은 두 가지이다. 뉴 미디어인 멀티미디어 시대의 도래로 소통 방식이 혁명적으로 변화하는 가운데서 시 또한 기존의 문자언어만을 고집할 수 없는 처지에 놓였기에, 시 텍스트도 영상을 포괄하는 멀티언어로 시의 언어 카테고리를 확장한 것과 함께, 또 하나는 기존 인쇄매체 시대의 종이미디어로 소통하기도 하지만 손 안의 컴퓨터인 스마트폰이라는 하드웨어 안의 카카오톡, 트위터, 페이스북 등 SNS로 실시간 시공을 초월하여 쌍방향 소통하는 새로운 시라는 것이 디카시라는 관점이다.

  이런 디카시의 아이덴티를 알고 디카시를 창작하고 소통해야 하는데, 아직 디카시를 오독하는 경우가 많다. 이런 점에서 임창연 시인의 이번 디카시집은 디카시의 정본 텍스트적 의미가 있는 중요한 결과물이다.

활새가
현을 긋고
지나자

가슴을 베인 하늘

-「저물 무렵」

책들이 젖지 않으려
책장을 조금씩 높인다

비바람 내리치면
공룡 울음소리
서고 안을 가득 채운다

-「백악기 동화」

임창연의 디카시가 정본 텍스트로 기능할 수 있을 것이라는 기대는 위의 두 편의 작품만 보아도 알 수 있다.
　디카시「저물 무렵」은 도심의 하늘을 전선들이 현을 긋고 지나가는 듯한 저물 무렵의 풍경이다. 도심의 저물 무렵 하늘은 핏빛 노을로 가득하고, 빌딩은 그 핏빛 하늘로 솟아 있다. 누군가 저문 하늘을 향해 활을 쏘아 새처럼 화살이 날아갈 때 가슴을 베인 하늘이 피를 하늘에 붉게 풀어 놓은 듯하다. 디카시의 짧은 언술은 분명 문자시의 그것과는 다르다. 4행의 짧은 언술이 영상과 하나의 텍스트가 되면서 환기하는 제3의 메시지는 저물 무렵의 정서를 환기하는 힘이 그 어떤 문자시로도 표현할 수 없는 강력함이 두드러진다.
　「백악기 동화」는 또 어떤가. 고성 공룡 발자국이 있는 백악기의 암석 지층이 보여주는 것은 인류의 역사를 압축하여 보여주는 책장이고 서고이다. 이 책장에서 백악기의 동화책을 꺼내 시인은 읽고 있는 것인가. 비바람이 쳐서 책들을 적시려고 하면, 책장은 조금씩 높아지고, 공룡의 울음소리는 서고 안을 가득 채운다. 이렇게 아름답고 스케일이 큰 백악기의 동화를 읽은 적이 없다.
　위 두 편은 디카시의 매혹을 보여준다. 이런 것이 디카시의 정본 텍스트라 할 것이다. 디카시는 기존의 문자시처럼 착상하고 그것을 시인의 상상력을 극대화하여 며칠이고 고뇌하고 썼다가 지우고 또 쓰고 고치고 하는 것보다는 자연이나 사물이 던지는 순간의 메시지,
　그 영감, 착상을 그냥 받아 적듯 단숨에 완성해버리는, 그래서 시인의 상상력은 최소화하고 사물의 상상력을 극대화하는 것이다.

이렇게 스마트폰(디카)으로 찍고 바로 써서 카페나 블로그, SNS로 실시간 소통하는 것이 디카시의 아이덴티고, 이것이 굳이 문자시가 아닌 디카시의 존재 의미고, 가능성이라 할 것이다. 물론, 이건 디카시의 이상이다. 디카시도 순간적으로 사물에서 감흥을 포착하고 그 자리에서 바로 그 영감의 착상이 곧바로 완결돼야 하지만, 현실은 꼭 모두 그렇지는 않다. 그 감흥을 포착하고 시간이 많이 지나서 순간 완성될 수도 있다. 이런 경우에도 디카시는 문자시의 그것과는 달라야 한다. 앞에서 말하듯이 시인이 억지로 상상해서 쥐어짜내듯이 써서는 극순간성, 극현장성, 극서정성의 디카시를 기대할 수는 없다.
　임창연의 이번 디카시집은 디카시의 정본 텍스트가 될 만한 것으로, 디카시의 아이덴티를 잘 드러내는 시집이기에 널리 읽혀져서 디카시가 제대로 이해되는 계기가 되기를 바란다.

시인의 말

　디카시는 이상옥 시인에 의해 명명되어진 새로운 시의 장르입니다. 일반적인 시가 순간적인 영감을 정리하여 완성된 문장으로 만들어 풀어가는 것이라면, 디카시는 순간적인 영감을 주는 사물을 포착하는 동시에 폰카메라나 디지털카메라로 찍어서 5행 이내의 문장과 함께 완성시키는 시의 장르입니다. 시는 문장만으로도 충분한데 왜 사진이 필요하냐고 이의를 다는 사람도 있을 것입니다. 그런 사람에게는 이렇게 대답해 드릴 수 있겠습니다. 이미 옛 문인들은 문인화란 이름으로 그림과 문장으로 작품을 완성했습니다. 그것 역시 즉석에서 그림과 문장을 완성 시킨 작품이었던 것입니다. 시의 장르가 학문인가? 예술인가? 의 물음에 무엇이라 답할 것인가? 당연히 학문보다는 예술에 근접한 창작적인 행위라 말할 수 있는 것입니다. 그렇다면 디카시는 시를 더 예술적 창작으로의 발전에 기여했다고 말할 수가 있을 것입니다. 디카시는 이제 전문적인 계간 잡지를 발행하는 데까지 이르렀습니다. 이 디카시집이 디카시를 사랑하는 분들에게 힘을 보태는 데 도움이 되었으면 합니다. 시집 해설과 늘 좋은 조언으로 큰 힘을 주시는 이상옥 교수님께 감사를 드립니다. 또한 표서로 힘을 보태주신 최광임 시인님과 차민기 문학평론가님께도 감사를 드립니다. 디카시집이 나오기까지 수고하신 이소정 실장님께도 감사를 전합니다.

2016년 4월
임창연 시인